Harald Seitz

Internet - Informationsgesellschaft, E-Government und Foren

Harald Seitz

Internet - Informationsgesellschaft, E-Government und Fortentwicklungen

GRIN Verlag

Bibliografische Information der Deutschen Nationalbibliothek: Die Deutsche Bibliothek verzeichnet diese Publikation in der Deutschen Nationalbibliografie; detaillierte bibliografische Daten sind im Internet über http://dnb.d-nb.de/ abrufbar.

1. Auflage 2010
Copyright © 2010 GRIN Verlag GmbH
http://www.grin.com
Druck und Bindung: Books on Demand GmbH, Norderstedt Germany
ISBN 978-3-656-16505-7

Internet

Informationsgesellschaft, E-Government und

Fortentwicklungen

von

Harald Seitz

Wortanzahl: 5.246 im Textteil

WS 2009/2010

Hochschule für Wirtschaft und Recht Berlin

Studiengang: Master of Public Administration

Informationsgesellschaft, E-Government und Fortentwicklungen

1

1. Informationsgesellschaft

1.1 Die interaktive Informationsgesellschaft

Eine Informationsgesellschaft ist u.a. eine Wissensgesellschaft, die wichtige gesellschaftliche Tätigkeiten, z.b. über das Internet abwickelt[1]. Dabei ist das Internet ein elektronisches Netzwerk von vielen, aber das Wichtigste[2]. Über das Internet wird weltweit miteinander kommuniziert[3].

Interaktiv meint dabei das Handeln von zwei oder mehreren Personen[4]. Wenn zwei oder mehrere Personen handelnd über das Internet oder einem anderen Netzwerk miteinander verbunden sind und kommunizieren, und die Möglichkeit besteht diese Informationen weltweit abrufen[5] und diesem Netzwerk beitreten zu können[6], dann widerspricht das der These, diese Gesellschaft deshalb als sich zunehmend abschottende, regional fixierende Gesellschaft zu bezeichnen. Dies ist ein Widerspruch in sich.

Das Gegenteil ist der Fall. Die Bürger, die in einer Informationsgesellschaft leben, können sich über dieses Netzwerk weltweit informieren und miteinander kommunizieren[7]. Sie treten dabei nicht isoliert, sondern öffentlich auf[8].

Was man dazu benötigt ist ein Computer mit Internetzugang. Das Ziel einer Initiative, die sich damit beschäftigt, ist die Möglichkeit für Jedermann das weltweite Internet nutzen zu können[9].

---

[1] Winkel, Olaf, Die Kontroverse um die demokratischen Potentiale der interaktiven Informationstechnologien – Positionen und perspektiven. In: Publizistik, Heft 2, 2001, 46. Jhrg., S. 140
[2] Eichhorn, Peter u.a. (Hrsg.), Verwaltungslexikon, Baden-Baden 2002, S. 500
[3] Winkel, Olaf, Sicherheit und Vertrauen in der Netzkommunikation, 12. Jg (2006), Heft 3, S. 135
[4] http://lexikon.martinvogel.de/interaktiv.html, abgefragt am 02.12.2009
[5] Winkel, Olaf, Kommunikation, neue Medien und Globalisierung, S. 242
[6] Winkel, Olaf, Die Kontroverse um die demokratischen Potentiale der interaktiven Informationstechnologien – Positionen und perspektiven. In: Publizistik, Heft 2, 2001, 46. Jhrg., S. 142
[7] Ders., S. 248
[8] Ders., S. 154
[9] Ders., S. 251

1.2 Die soziale Ausdifferenzierung

Unter sozialer Ausdifferenzierung versteht man das Hervorbringen von Spaltungen zwischen den sozialen Schichten[10].

Hierfür gibt es für die IT, speziell für das Internet, eine These der Netzpessimisten, die folgendermaßen lautet: Das Hervorbringen von Spaltungen zwischen den sozialen Schichten kann nicht nur durch die IT, speziell durch das Internet, geschehen, sondern sogar durch sie beschleunigt werden.[11]

Den Verweis der Netzpessimisten, dass generell ein allgemeiner Netzzugang speziell für die „Unterschicht" und für die älteren Menschen aufgrund von finanziellen, geistigen und kulturellen Gründen nicht oder langsamer als bei der „Oberschicht" eingerichtet werden kann, halte ich für kein annähernd plausibles Argument. Die Netzpessimisten argumentieren, dass sich viele Menschen aus der Unterschicht einen Computer mit Internetanschluss aus finanziellen Gründen nicht leisten können. Außerdem fehle dieser Schicht die formale Bildung.[12]

Weltweit erscheint dieser Aspekt aus ökonomischer Sicht vertretbar zu sein. Europa- und deutschlandweit kann ich diesen Argumenten nicht zustimmen. Zum einen gibt es gebrauchte Computer bereits für einen sehr niedrigen Preis (ökonomischer Aspekt). Zum anderen sind sozial Schwächere auf diesem Gebiet oft nicht unbedingt verständnisschwächer als sozial Privilegierte (Bildungsaspekt). Dies zeigt sich auch schon darin, dass sich durch die IT die Menschen aus allen sozialen Schichten im Internet treffen, um ihre gemeinsamen Interessen und Ziele zu verfolgen[13]. Die Interessen und Ziele stehen hier im Vordergrund und nicht die soziale Position der einzelnen Menschen[14].

---

[10] Winkel, Olaf, Kommunikation, neue Medien und Globalisierung, S. 244
[11] Winkel, Olaf, Die Kontroverse um die demokratischen Potentiale der interaktiven Informationstechnologien - Positionen und perspektiven. In: Publizistik, Heft 2, 2001, 46. Jhrg., S. 151
[12] Ders., S. 151
[13] Winkel, Olaf, Kommunikation, neue Medien und Globalisierung, S. 244
[14] Winkel, Olaf, Die Kontroverse um die demokratischen Potentiale der interaktiven Informationstechnologien - Positionen und perspektiven. In: Publizistik, Heft 2, 2001, 46. Jhrg., S. 151

1.3 Die kritischen Infrastrukturen

Unter den kritischen Infrastrukturen in einer digitalen Informationsgesellschaft versteht man zum Einen die Abhängigkeit wichtiger, lebensnotwendiger gesellschaftlicher Systeme vom Funktionieren der IT und zum Anderen die Gefahren der Beeinflussung dieser Systeme von außen durch Naturkatastrophen, Kriege[15] oder durch andere Menschen, unter Zuhilfenahme von Angriffssoftware[16].

Daraus ergibt sich zwangsläufig, dass der Datenschutz und die Datensicherheit systemimmanent gewährleistet sein müssen[17], da die Abhängigkeit fast aller wichtigen Systeme von der IT gegeben ist[18].

So ist es heute und in der Zukunft unumgänglich, Antivirenprogramme und Firewalls auf den Rechnern zu installieren und auf dem neusten Stand zu halten, um diese Angriffe von außen abwehren zu können[19].

Beispielsweise sind die Mitarbeiter im Front-Office-Bereich der Deutschen Rentenversicherung derart vom Funktionieren und der Verfügbarkeit der IT abhängig[20], dass sie bei Störungen derselben die Bearbeitungs- und Beratungstätigkeit fast ganz einstellen müssten. Ohne den Zugriff auf die Versichertendaten ist eine allumfassende, kundenorientierte Bearbeitung der Anträge und Beratung der Versicherten nur sehr eingeschränkt möglich.

Kritischer ist die Gefahr eines Nichtfunktionierens oder Manipulierens bei den Abrechnungen und Anweisungen der Rentenzahlbeträge zu sehen. Die Rentenzahlbeträge werden durch den zuständigen Postrentendienst ausgezahlt. Tritt hier ein Ausfall oder eine Störung dieser Zahlungsanweisungen z.B. durch eine Manipulation von außen oder ein technisches Versagen ein, dann kann dies schnell

---

[15] Bundesministerium des Innern (Hrsg.), Schutz Kritischer Infrastrukturen – Risiko- und Krisenmanagement, Berlin 2007, S. 7
[16] Winkel, Olaf, Sicherheit und Vertrauen in der Netzkommunikation, 12. Jg (2006), Heft 3, S. 137
[17] Bundesministerium des Innern (Hrsg.), Schutz Kritischer Infrastrukturen – Risiko- und Krisenmanagement, Berlin 2007, S. 11
[18] Winkel, Olaf, Sicherheit und Vertrauen in der Netzkommunikation, 12. Jg (2006), Heft 3, S. 137
[19] Ders., S. 137
[20] Bundesministerium des Innern (Hrsg.), Schutz Kritischer Infrastrukturen – Risiko- und Krisenmanagement, Berlin 2007, S. 11

zu einem Chaos führen[21]. Denn hier sind die Rentner auf die monatlichen Zahlbeträge angewiesen.

Die weltweite Computerkriminalität könnte unbekannte Risiken und Sicherheitslücken ausfindig machen, um wichtige Bereiche in ihrem Sinne zu beeinflussen[22]. Dies gilt es mit allen zur Verfügung stehenden Mitteln durch vorbeugende Maßnahmen und Strategien zu verhindern[23].

1.4 Telematik und Multimedia

Unter dem Begriff der Telematik versteht man die neuen Medien, die sich computertechnisch auf die Informatik und gleichzeitig nachrichtentechnisch auf die Telekommunikation beziehen. Die Telematik vereint also beide Fachgebiete miteinander. So können formale Daten aller Art eingegeben, geändert, verarbeitet, gesendet, gespeichert und wieder abgefragt werden.[24]

Unter dem Begriff Multimedia versteht man die Zusammenfassung vieler technischer Anwendungsmöglichkeiten unter einem „Dach". So gibt es heutzutage neue technische Geräte, mit denen man nicht nur die computertechnischen Anwendungen tätigen, sondern z.B. auch fernsehschauen kann. Hier treten die technischen Geräte der Computer- und der Medientechnik miteinander in eine Art Symbiose, indem man die Anwendungen beider Techniken auf ein technisches Gerät vereint.[25]

Der Unterschied zwischen der Telematik und Multimedia ist, dass bei der Telematik die Telekommunikationsdienste computermäßig unterstützt werden und bei Multimedia verschiedene Medien zu einem Produkt, z.B. visuell und auditiv, zusammengefasst sind. Ein Multimediaprodukt besteht aus verschiedenen Medien mit verschiedenen Technologien.

---

[21] Bundesministerium des Innern (Hrsg.), Schutz Kritischer Infrastrukturen – Risiko- und Krisenmanagement, Berlin 2007, S. 7
[22] Ders., S. 9, 11
[23] Ders., S. 21
[24] Winkel, Olaf, Kommunikation, neue Medien und Globalisierung, S. 237
[25] Ders., S. 237

Ein Beispiel für die Telematik ist E-Learning. Über den Computer wird der Nutzer des E-Learning-Programms aufgefordert, die Texte nach einer bestimmten, fest vorgeschriebenen Reihenfolge zu lesen und zu bearbeiten. Die Reihenfolge gibt dabei das Programm vor. Am Ende einer jeden Leseeinheit gibt es Übungsaufgaben, die der Nutzer beantworten muss, um mit dem E-Learning-Programm fortfahren zu können. Nach der Beantwortung der Fragen werden diese ausgewertet und bewertet. Hat der Nutzer diese Verständnisfragen zu einem gewissen Prozentsatz richtig beantwortet, kann er zur nächsten Leseeinheit weiterklicken. Die E-Learning-Programme können dabei auch visuell und auditiv arbeiten und dabei noch andere Medien mit einschließen. So kann daraus ein Multimediaprodukt entstehen.

2. E-Government und Fortentwicklungen

2.1 Teleadministration auf der Stufe der Information

Unter **Teleadministration auf der Stufe der Information** versteht man das IT-gestützte zur Verfügungstellen von Informationen. D.h., dass die Informationen und das Wissen über die IT bereitgestellt werden, ohne dass ein Dialog mit den Empfängern oder eine Rückmeldung der Empfänger über den Computer möglich ist. Diese Informationen stellt die Verwaltung ihren Bürgern und Geschäftspartnern ins Netz, um bestimmte Modalitäten der Prozessabwicklung informell bekannt zu geben.[26]

Bei der Deutschen Rentenversicherung müssen die Versicherten z.b. bei der Beantragung von Kindererziehungszeiten den Elternteil unterschreiben lassen, der den Antrag auf diese Zeiten nicht stellt. Über das Internet auf der Plattform der Deutschen Rentenversicherung sind diese Informationen nachlesbar und der spezielle Vordruck ausdruckbar eingestellt. Damit kommt der beantragende Versicherte zum Beratungstermin mit der notwendigen Unterschrift des anderen Elternteils.

---

[26] Winkel, Olaf, Zukunftsperspektive Electronic Government. In: Aus Politik und Zeitgeschichte, B 18/2004, S. 8

7

Hat ein Versicherter keinen Computer, dann wird ihm dieser Vordruck von der Deutschen Rentenversicherung zugesandt, mit der Bitte, den anderen Elternteil unterschreiben zu lassen. Mit der Unterschrift erklärt sich der andere Elternteil damit einverstanden, dass der beantragende Elternteil die Kindererziehungszeiten anerkannt bekommt.

Im ersten Fall wickelt die Deutsche Rentenversicherung einen Prozess elektronisch auf der Basis der reinen Information ab, d.h. sie stellt ausschließlich rentenrelevante Informationen für die Versicherten zum Abruf bereit.

2.2 Telepartizipation auf der Stufe der Transaktion

Unter **Telepartizipation auf der Stufe der Transaktion** versteht man die aktive Teilhabe der Bürger an der politischen Willensbildung über die IT. Aktive Teilhabe bedeutet, dass die Bürger nicht nur die Informationen lesen und mit allerlei Problemen konfrontiert und beschäftigt werden, sondern gerade selbst auf den politischen Willensbildungsprozeß IT-gestützt und aktiv einwirken und rechtsverbindlich abwickeln können.[27]

Beispielsweise könnte man sich eine elektronische Wahlabwicklung vorstellen, bei der die Bürger über ihren eigenen Home-Computer wählen könnten.[28] Die Einwahl könnte z.b. über eine digitale Signatur mit individuell vergebenem Passwort erfolgen, welches durch eine zentrale Wahlstelle rechtzeitig vor Wahlbeginn vergeben und zugesandt werden könnte. Es müsste gewährleistet bleiben, dass der elektronische Wähler nicht mit seiner Wahl, also was oder wen er gewählt hat, in Verbindung gebracht werden kann. Die Zuordnung des Wählers soll hierbei nur Aufschluss geben, dass der Wähler gewählt hat.[29] Außerdem müssten parallel dazu weniger Wahllokale für die nicht IT-verbundenen Wähler eingerichtet werden. Die elektronischen Wahlen könnten auf elektronische Partizipationsentscheidungen aller Art ausgedehnt werden, was allerdings heute noch ein Zukunftsszenario darstellt.

---

[27] Winkel, Olaf, Zukunftsperspektive Electronic Government. In: Aus Politik und Zeitgeschichte, B 18/2004, S. 8
[28] Winkel, Olaf, Kommunikation, neue Medien und Globalisierung, S. 241
[29] Winkel, Olaf, Die Kontroverse um die demokratischen Potentiale der interaktiven Informationstechnologien – Positionen und perspektiven. In: Publizistik, Heft 2, 2001, 46. Jhrg., S. 142

2.3 Organisatorisches Reengineering in Form einer vertikalen Integration

Unter dem **organisatorischen Reengineering in Form einer vertikalen Integration** versteht man die Veränderung der Organisation durch die IT, wobei die IT organisatorisch in allen möglichen Unternehmensprozessen und Bereichen mit eingebunden wird und diese dadurch (positiv) beeinflusst. Dabei sind aufeinander aufbauende Organisationen informationstechnisch sinnvoll miteinander verbunden.[30]

Beispielsweise versucht die Deutsche Rentenversicherung Bund zusammen mit allen anderen Rentenversicherungsträgern, die sich auf Landesebene befinden und sich teilweise zusammengeschlossen haben, einheitliche Softwareprogramme und Computersysteme für die gesamte Deutsche Rentenversicherung zu entwickeln. Auch werden gleichartige Produkte elektronisch aufeinander abgestimmt oder immer wieder vorkommende Tätigkeiten über IT-Projekte zentral für alle erledigt bzw. jeden Träger elektronisch zur Verfügung gestellt. Man spricht hier auch von der Bündelung von Back-Office-Funktionen[31]. Dieses organisatorische Reengineering in Form einer vertikalen Integration bringt so etliche Synergieeffekte, die es zukünftig noch weiter auszubauen gilt.[32]

2.4 Lebenslagenportal

Unter dem **Lebenslagenportal** versteht man die elektronisch zur Verfügung gestellten Verwaltungsdienstleistungen für die Bürger, die sich in einer bestimmten Lebenssituation befinden. Diese Leistungen können die Bürger situationsgerecht gebündelt elektronisch abrufen.[33]

Beispielsweise sollten frisch gebackenen Eltern Informationen über Eltern-, Erziehungs-, Kindergeld und Elternzeit mit den dementsprechenden Anträgen elektronisch in einer übersichtlichen Form zur Verfügung gestellt werden. Oder

---

[30] Winkel, Olaf, Zukunftsperspektive Electronic Government. In: Aus Politik und Zeitgeschichte, B 18/2004, S. 8
[31] Schuppan, Tino, Gebietsreform im E-Government-Zeitalter. In: Verwaltung und Management, Zeitschrift für moderne Verwaltung, 14. Jhrg., 02/2008, S. 68
[32] Siehe auch: Winkel, Olaf, E-Government in Deutschland. In: Verwaltung und Management, 12 Jg. (2006), Heft 5, S. 271
[33] Winkel, Olaf, Zukunftsperspektive Electronic Government. In: Aus Politik und Zeitgeschichte, B 18/2004, S. 9

Eltern, deren Kind in die Schule kommt, sollten alle relevanten Informationen und Anträge über den ersten Schulbesuch gebündelt, speziell für ihre Lebenslage, elektronisch abrufen können.

Wichtig wäre auch ein Portal für Hinterbliebene. So kann mit ein paar Klicks erfahren werden, was bis wann, wo beantragt werden muss? Wie geht das mit dem Bestattungsinstitut vor sich? Wo muss ich das sog. Sterbevierteljahr beantragen? Bis wann muss ich dieses beantragen? Wo erhalte ich die dafür notwendigen Anträge? Bis wann muss ich den Hinterbliebenenrentenantrag gestellt haben? Wo muss oder kann ich diesen Antrag stellen? Welche Unterlagen benötige ich bei der Antragstellung? Alle Fragen, die auf die jeweilige Lebenslage zutreffen oder relevant sein können, werden beantwortet und auf dem Lebenslagenportal zusammengefasst und dem Bürger gebündelt elektronisch abrufbar zur Verfügung gestellt.

2.5 Front und Back Office

Unter **Front Office** versteht man den direkten Kontakt der Verwaltung z.b. durch ihre Mitarbeiter mit den Bürgern. Dies kann elektronisch[34] oder „körperlich" der Fall sein[35]. Elektronisch möglich über den PC (z.b. den Chat), körperlich über die Anwesenheit der Bürger bei der Behörde mit dem direkten Kontakt zu den Verwaltungsmitarbeitern.

Beispielsweise kommt ein Versicherter zu einem vereinbarten Termin in die Auskunfts- und Beratungsstelle der Deutschen Rentenversicherung, um einen Antrag auf Altersrente zu stellen. Der Verwaltungsmitarbeiter im Front-Office-Bereich bedient den Versicherten, indem er den Antrag des Versicherten z.b. online aufnimmt.

Unter **Back-Office** versteht man den Ablauf von Arbeiten, die nicht direkt mit Bürgerkontakten einhergehen, sondern im Hintergrund erledigt werden. Das Arbeiten

---

[34] Winkel, Olaf, Zukunftsperspektive Electronic Government. In: Aus Politik und Zeitgeschichte, B 18/2004, S. 12

[35] Schuppan, Tino, Gebietsreform im E-Government-Zeitalter. In: Verwaltung und Management, Zeitschrift für moderne Verwaltung, 14. Jhrg., 02/2008, S. 67

im Hintergrund wird auch als Marktfolgebereich bezeichnet. Dieser Marktfolgebereich besteht meist aus Fachspezialisten.

Beispielsweise nimmt ein Berater der Deutschen Rentenversicherung im Front-Office-Bereich mit dem Rentenantragsteller über Antrag-Online einen Rentenantrag auf. Für die Antragsaufnahme stellt der Back-Office-Bereich die benötigten persönlichen und versicherungsrechtlichen Daten des Rentenantragstellers online zur Verfügung[36], damit der Mitarbeiter im Front-Office-Bereich überhaupt einen Antrag aufnehmen kann. Nach Fertigstellung sendet der Mitarbeiter im Front-Office-Bereich den Antrag an die zuständige Fachabteilung im Back-Office-Bereich. Im Back-Office-Bereich wird der Antrag bearbeitet. Nach der Bearbeitung entscheidet[37] die Fachabteilung über den Antrag und fertigt einen Bescheid. Diesen sendet sie dem Rentenantragsteller zu.

Die Mitarbeiter im Back-Office-Bereich haben im Regelfall keinen persönlichen Kontakt zum Rentenantragsteller. Ist der Rentenantragsteller mit dem Bescheid nicht zufrieden, dann wendet er sich regelmäßig ebenfalls wieder an den Front-Office-Bereich. In diesem Beispiel wäre dies die nächste Auskunfts- und Beratungsstelle der Deutschen Rentenversicherung. Im Front-Office-Bereich lässt er sich beraten und legt evtl. einen Widerspruch gegen den Bescheid ein. Dieser Widerspruch wird vom Mitarbeiter im Front-Office-Bereich aufgenommen und dann an den zuständigen Mitarbeiter im Back-Office-Bereich zur nachfolgenden Bearbeitung und Entscheidung weitergeleitet.

2.6 Multikanalvertrieb von Verwaltungsleistungen

Unter **Multikanalvertrieb von Verwaltungsdienstleistungen** versteht man die verschiedenen Wege, mit der die Verwaltungsdienstleistungen über E-Government an die Bürger gebracht werden können. Dies kann z.B. nicht nur über das Internet, sondern auch über Mobile Government oder andere Wege erfolgen. Somit sollen alle

---

[36] Siehe auch: Schuppan, Tino, Gebietsreform im E-Government-Zeitalter. In: Verwaltung und Management, Zeitschrift für moderne Verwaltung, 14. Jhrg., 02/2008, S. 67
[37] Schuppan, Tino, Gebietsreform im E-Government-Zeitalter. In: Verwaltung und Management, Zeitschrift für moderne Verwaltung, 14. Jhrg., 02/2008., S. 67

Bürger –auch ohne Internetanschluss- erreicht werden und von E-Government profitieren.[38]

Beispielsweise fahren die Berater der Deutschen Rentenversicherung bei Mobile Government zu den Versicherten auf die ländlichen Sprechtagsorte, um den Versicherten dort z.b. online Berechnungen zu erstellen oder Anträge online aufzunehmen. Bei Antrag-Online in der Online-Version können die Berater die Versichertendaten online abrufen. Der Back-Office-Bereich stellt hierfür alle relevanten Daten online zur Verfügung. Die Anträge werden vom Berater online ausgefüllt und dem zuständigen Rentenversicherungsträger elektronisch übermittelt. So erhält der Back-Office-Bereich die für die Antragsbearbeitung notwendigen Daten schnell und in einer entsprechend ansprechenden Form. Die Versicherten müssen nur noch die vom Berater ausgedruckten Unterschriftenblätter unterschreiben. Die Unterschriftenblätter werden dann zusammen mit den evtl. noch vorhandenen sonstigen Anlagen postalisch an den Back-Office-Bereich nachgesandt.
So kommen die Versicherten in den sofortigen Genuss ihrer individuellen Rentenberechnungen und können Anträge auch ohne eigenen Computer online stellen.

Durch Antrag-Online wird den Versicherten eine zeitnahe, papierlose, ohne großen Aufwand zu erstellende Verwaltungsdienstleistung angeboten. Hier findet für die Versicherten kein meist langandauerndes Ausfüllen von komplizierten Formularen mehr statt.

Mobile Government ist nur ein Beispiel für eine Möglichkeit, die Vorteile von E-Government für die Bürger herauszustellen. Von den vielen verschiedenen Möglichkeiten der Bereitstellung von Verwaltungsdienstleistungen sollen die Bürger die für sie am besten geeignetste auswählen können.

---

[38] Winkel, Olaf, Zukunftsperspektive Electronic Government. In: Aus Politik und Zeitgeschichte, B 18/2004, S. 8

3. Zielkonflikte im Rahmen eines E-Government-Projektes

Im Rahmen eines E-Government-Projektes können durchaus Zielkonflikte auftreten.

Beispielsweise lässt sich die Situation der Bürger durch E-Government verbessern. Dies könnte z.b. im Zuge der Telepartizipation geschehen: Durch die elektronische Mitwirkung der Bürger, z.b. an der politischen Willensbildung oder anderen wichtigen Entscheidungsprozessen. Dadurch könnten zum Einen manche hauptberuflichen Politiker ihren Machteinfluss auf die Bürger gefährdet sehen und zum Anderen ein „Mehr" an zeitlichen und finanziellen Kosten entstehen. Hier treten Zielkonflikte zwischen Bürgerbeteiligung und Effizienz auf.

In diesem Zusammenhang bedeutet Effizienz, dass sich durch die Bürgerbeteiligung die Lage derselben vorteilhafter gestaltet, ohne dass einerseits der Machteinfluss der Politiker schwindet und ohne dass andererseits die finanziellen und zeitlichen Kosten ansteigen[39]. Die letzten beiden Punkte können nicht eingehalten werden: Die Angst der Politiker vor ihrem schwindenden Machteinfluss ist da und die Kosten steigen an[40]. Außerdem stehen diese hohen Kosten im Widerspruch zu der prekären, schlechten Haushaltslage der öffentlichen Hand[41]. Somit ist die Effizienz in diesem Sinne bei einer elektronischen Bürgerbeteiligung nicht mehr gegeben: Ein Konflikt ist entstanden.[42]

---

[39] Lachmann, Werner, Volkswirtschaftslehre 1, Berlin u.a. 2006, S. 177
[40] Winkel, Olaf, Zukunftsperspektive Electronic Government. In: Aus Politik und Zeitgeschichte, B 18/2004, S.10
[41] Winkel, Olaf, Zukunftsperspektive Electronic Government. In: Aus Politik und Zeitgeschichte, B 18/2004, S. 13
[42] Ders., S. 10

4. Risiken und Chancen des Mobile Government

Unter Mobile Government versteht man das Hingehen der Verwaltung zu den Bürgern, das örtliche Entgegenkommen, um diesen die Verwaltungsdienstleistungen effektiv, gebündelt und IT-gestützt anbieten zu können. Die Leistungserbringung der Verwaltung setzt ein gewisses Maß an Flexibilität der Verwaltung gegenüber ihren Bürgern voraus. Flexibel bedeutet in diesem Zusammenhang, dass sich die Verwaltung an die Standorte begibt, wo ein Bedarf an Verwaltungsdienstleistungen für die Bürger vorhanden ist. Die Verwaltung bedient sich dabei einer online-gebundenen IT.

Das vorrangige Ziel von Mobile Government ist ein höherer Kundenservice: Die Verwaltungsdienstleistungen können direkt vor Ort angeboten werden. Gerade für nicht so mobile Bürger, wie z.b. ältere Menschen oder körperlich Behinderte, ist durch den räumlichen Distanzabbau eine bessere Erreichbarkeit gegeben[43]. Hier zeigt sich die Verwaltung von ihrer kundenorientierten Seite, kundenfreundlich und kundennah[44].

Außerdem ist für verschiedene Dienstleistungen nur ein Anlaufpunkt notwendig (all-in-one).

Auch geht die Verwaltung auf die Bürger zu, kommt zu den Bürgern. Dadurch kommen sich die Bürger nicht mehr nur als Bittsteller vor. Die Bürger sehen die Verwaltung in einem anderen Licht: Als Verwaltung für sich selbst. Der Über- und Unterordnungsgedanke früherer Tage steht hier nicht mehr im Mittelpunkt. Die Chancen bestehen darin, dass dadurch das Bild der Verwaltung bei den Bürgern positiv erscheint.[45]

In dem Bericht „Mobile Verwaltung ermöglicht besseren Bürgerservice[46]" wird als Beispiel der Einsatz mobiler Bürgerämter in Berlin erläutert. Dieses Beispiel nehme

---

[43] Innovative Verwaltung, Rubrik: Verwaltung und Bürger, Thema: Mobile Verwaltung ermöglicht besseren Bürgerservice, 1-2/2005, S. 19
[44] Innovative Verwaltung, Rubrik: Verwaltung und Bürger, Thema: Mobile Verwaltung ermöglicht besseren Bürgerservice, 1-2/2005, S. 20
[45] Innovative Verwaltung, Rubrik: Verwaltung und Bürger, Thema: Mobile Verwaltung ermöglicht besseren Bürgerservice, 1-2/2005, S. 21

ich bewusst nicht, sondern möchte das Beispiel der DRV bringen, bei der ich selbst u.a. als mobiler Berater tätig bin.

Die DRV Bund praktiziert Mobile Government bereits seit 2000. Ich selbst bin Kundenberater und fahre seit der Einführung von Mobile Government regelmäßig bestimmte ländliche Ortschaften an, um Verwaltungsdienstleistungen für unsere Kunden anzubieten. Dafür habe ich einen verwaltungseigenen Laptop. Die Landratsämter, Krankenkassen, Städte, Gemeinden, Krankenhäuser, Betriebe und Schulen stellen mir ihre Räume mit ISDN-Anschluss und Internetanbindung kostenlos zur Verfügung und vergeben auch die Termine an die Kunden[47].

Ich logge mich dort mit dem Laptop über die IT – Anschlüsse ein und bin dadurch online mit allen Rentenversicherungsträgern aus ganz Deutschland verbunden, um bei Bedarf auf die Online-Daten der Kunden zugreifen zu können. Für Ausdrucke steht mir ein mitgebrachter, mobiler Drucker zur Verfügung.

Ich gebe Auskünfte und berate. Ich kann Anträge online aufnehmen und online an die Zentrale (Back Office) senden. Ich kann Berechnungen online erstellen und ausdrucken und auch sonst alle kundenrelevanten Arbeiten direkt verrichten und erledigen, ggf. Bescheide erstellen.[48]

Durch diesen mobilen Einsatz unter Zuhilfenahme der IT wird eine flächendeckende Versorgung von Verwaltungsdienstleistungen erreicht. Eine Ausdehnung dieses mobilen Dienstes auf andere Verwaltungsbereiche – nicht nur der Bezirksämter in Berlin - wäre wünschenswert.[49]

In den letzten elf Jahren gab es selten Probleme, meist mit den Anschlüssen, die aber immer schnell und zur Zufriedenheit aller Beteiligten gelöst werden konnten. Risiken traten dabei keine auf. Nur die Erstanschaffungskosten und die Folgekosten

---

[46] Innovative Verwaltung, Rubrik: Verwaltung und Bürger, 1-2/2005, Überschrift
[47] Ebenso in: Innovative Verwaltung, Rubrik: Verwaltung und Bürger, Thema: Mobile Verwaltung ermöglicht besseren Bürgerservice, 1-2/2005, S. 19
[48] Ebenso in: Innovative Verwaltung, Rubrik: Verwaltung und Bürger, Thema: Mobile Verwaltung ermöglicht besseren Bürgerservice, 1-2/2005, S. 20
[49] Ebenso in: Innovative Verwaltung, Rubrik: Verwaltung und Bürger, Thema: Mobile Verwaltung ermöglicht besseren Bürgerservice, 1-2/2005, S. 21

der Laptops, Drucker und Anschlüsse schlagen finanziell auf der Kostenseite zu Buche. Hier müssen die Vor- und Nachteile gegeneinander abgewogen werden.

Als Bedenken könnten geltend gemacht werden, dass Mobile Government nicht mehr weiter verfolgt wird, sobald die Fördergelder ausgelaufen sind. So hat es sich in der Vergangenheit gezeigt.[50] Es hat sich aber auch gezeigt, dass diese Projekte nicht nur weitergeführt wurden, sondern sich sogar bei einigen Behörden etabliert haben (siehe DRV), weil man feststellte, dass die Vorteile die Nachteile nicht nur aufwogen, sondern bei weitem übertrafen.

---

[50] Winkel, Olaf, Betriebswirtschaftliche Steuerung im informationstechnischen Wandel, in: Verwaltung und Management, 14. Jg. (2008), Heft 3, S. 134

5. Möglichkeiten und Grenzen

Um die Antworten zu strukturieren und für den Leser deutlich und lesefreundlich zu gestalten, wurden die einzelnen Punkte in eine Gliederung gefasst und nummeriert.

Gliederung

5.1 Die Beziehungen von E-Government innerhalb der Verwaltung

5.1.1 Die Verbesserung der Arbeitsbedingungen der Verwaltungsmitarbeiter

5.1.2 Die schnellere Erledigung der Arbeiten als früher

5.1.3 Die ortsungebundene Erledigung von Verwaltungsarbeiten

5.1.4 Die Kooperationsmöglichkeiten

5.2 Die Beziehungen von E-Government außerhalb der Verwaltung

5.2.1 Die Verbesserung der Kundenorientierung

5.2.2 Beispiel Antrag-Online

5.2.3 Die Transaktionsmechanismen

5.2.4 Die Kosten und die Akzeptanz auf der Seite der Bürger

5.2.5 Die Kosten und die Akzeptanz auf der Seite der Mitarbeiter

5.3 Weiter Möglichkeiten der Einflussnahme von E-Government auf das Neue Steuerungsmodell

5.3.1 Die Serviceverbesserungen

5.3.2 Die Rationalisierungsmaßnahmen

5.4 Weiter Grenzen der Einflussnahme von E-Government auf das Neue Steuerungsmodell

5.4.1 Datenschutz und –sicherheit

5.4.2 Die Legitimation

5.4.3 Flachere Hierarchien als früher

Bei E-Government wird zwischen Beziehungen innerhalb und außerhalb der
Verwaltung unterschieden.

5.1 Die Beziehungen von E-Government innerhalb der Verwaltung

5.1.1 Die Verbesserung der Arbeitsbedingungen der Verwaltungsmitarbeiter

Innerhalb der Verwaltung können digitalisierte Daten erhoben, übermittelt, verarbeitet
und gespeichert werden. Durch die elektronischen Dokumentenmanagement-
Systeme ergeben sich z.b. einfachere und schnellere Zugriffszeiten auf die Daten.
Bestimmte standardisierbare Arbeitsabläufe können so immens rationalisiert und
schneller erledigt werden (höhere Effektivitätsgewinne).[51] Die Mitarbeiter im Back-
Office-Bereich werden dadurch entlastet[52].

Beispielsweise musste ein Mitarbeiter der Deutschen Rentenversicherung früher
postalisch die Rehabilitationsentlassungsberichte beim zuständigen
Rehabilitationsteam in Berlin anfordern, um über die Anträge der Rentenantragsteller
wegen Erwerbsminderung entscheiden zu können. Dies entfällt nun gänzlich, da sich
die Mitarbeiter die Berichte elektronisch über den Computer anzeigen und
ausdrucken lassen können. Dauerten die Anforderungen früher ca. ein bis zwei
Wochen, so haben die Verwaltungsmitarbeiter heute die Berichte auf elektronischem
Weg in ein paar Sekunden vor sich auf dem Bildschirm.

5.1.2 Die schnellere Erledigung der Arbeiten als früher

Durch die enorme Zeitbeschleunigung interner Arbeitsabläufe erhöht sich wiederum
das Arbeitspensum der Mitarbeiter. Ein Ziel des Neuen Steuerungsmodells ist, dass
die Ablauforganisation verbessert werden soll. Dadurch sollen die Durchlaufzeiten in
der Verwaltungsproduktion reduziert werden. Dieses Ziel kann und wird durch E-
Government sehr gut erreicht. Die Umsetzung könnte in den bestehenden Bereichen
stetig verbessert werden und auch in anderen Bereichen neu eingeführt werden.

---

[51] Winkel, Olaf, Zukunftsperspektive Electronic Government. In: Aus Politik und Zeitgeschichte, B 18/2004, S.
8
[52] Schuppan, Tino, Gebietsreform im E-Government-Zeitalter. In: Verwaltung und Management, Zeitschrift für
moderne Verwaltung, 14. Jhrg., 02/2008, S. 68

Die Möglichkeiten bestehen in weiteren sinnvollen Implementierungen von E-Government. Dies kann nicht ad hoc, sondern muss sukzessive erfolgen. Hier liegt zugleich die Grenze des Machbaren.

5.1.3 Die ortsungebundene Erledigung von Verwaltungsarbeiten

Ein zweiter großer Punkt ist, dass manche Verwaltungsarbeiten ortsungebunden erledigt werden können (z.b. Telearbeit, Mobile Government). Beispielsweise wird kindererziehenden Kolleginnen die Möglichkeit gegeben, ihren Arbeitsplatz Zuhause einzurichten. Der Arbeitgeber stellt hierfür das notwendige EDV-Equipment kostenlos zur Verfügung.

Zu bestimmten, mit dem Arbeitgeber vorher vereinbarten Zeiten, holen sich die „Heimarbeiterinnen" die Versicherungs- und Rentenakten vom Arbeitgeber ab. Nach der Fertigbearbeitung der Akten bringen sie diese dem Arbeitgeber wieder zurück. So können sie zeitlich flexibel die Akten bearbeiten, d.h. wann sie wollen bzw. es ihnen zeitlich möglich ist. Um die Akten bearbeiten zu können erhalten sie eine Online-Anbindung und Online-Kompetenzen von ihrem Arbeitgeber. Dadurch haben sie von Zuhause Zugriff auf alle für die Bearbeitung notwendigen, gespeicherten Kundendaten. Die Akten selbst können sie größtenteils online bearbeiten.

Die Aufgabenkritik ist ein Element des Neuen Steuerungsmodells. Hier stellt sich u.a. die Frage, wo und durch wen die Aufgaben erledigt werden können. E-Government hat diese Möglichkeit erst geschaffen. Die Grenzen liegen in den Kosten für das EDV-Equipment: Die Möglichkeit der häuslichen Telearbeit wird deshalb auch nur bestimmten, ausgesuchten Mitarbeitern bereitgestellt.

5.1.4 Die Kooperationsmöglichkeiten

Auf dem Portal im Internet stehen den Bürgern allgemeine Informationen rund um die Uhr zur Verfügung[53]. Die sich ändernden rechtlichen Informationen müssen aber von den Verwaltungsmitarbeitern zeitaufwendig auf den neuesten rechtlichen Informationsstand gebracht werden. Man könnte sich nun überlegen, ob man sich bei Rechtsänderungen nicht zusammenschließt, um diese gemeinsam, aber immer nur einmal für alle, zu aktualisieren. So könnten kosten- und zeitintensive Doppelarbeiten vermieden werden (organisationsübergreifende Arbeitsteilung)[54].

5.2 Die Beziehungen von E-Government außerhalb der Verwaltung

5.2.1 Die Verbesserung der Kundenorientierung

Außerhalb der Verwaltung können durch E-Government Kundenkontakte via Internet geknüpft und Informationen und Fragen telefonisch beantwortet werden.

Im Servicetelefon der Deutschen Rentenversicherung können die Verwaltungsmitarbeiter Kundenanrufe bundesweit entgegennehmen. Da sie Zugriff auf alle Daten der Kunden auch von anderen Bundesländern haben, können sie Fragen eines Kunden, der z.B. in Berlin lebt, auch in Nürnberg – unter Beachtung des Datenschutzes und Zuhilfenahme seiner Onlinedaten – beantworten. Der Datenschutz zeigt zugleich die Grenzen des Möglichen auf. Dies ist zumindest bei Anfragen über das Telefon der Fall.

Dadurch wird eine bessere Kundenorientierung[55] erreicht. Der Kunde erhält schnell die erwünschten Informationen, wodurch die Kundenzufriedenheit steigt. Gerade bei Kundenanrufen ist durch E-Government die Möglichkeit der Heimarbeit gegeben. Zukünftig sollten diese Möglichkeiten ausgebaut und bei Bedarf verstärkt umgesetzt werden.

---

[53] Winkel, Olaf, Zukunftsperspektive Electronic Government. In: Aus Politik und Zeitgeschichte, B 18/2004, S. 9
[54] Schuppan, Tino, Gebietsreform im E-Government-Zeitalter. In: Verwaltung und Management, Zeitschrift für moderne Verwaltung, 14. Jhrg., 02/2008, S. 72 und 74
[55] Winkel, Olaf, Zukunftsperspektive Electronic Government. In: Aus Politik und Zeitgeschichte, B 18/2004, S. 9

5.2.2 Beispiel Antrag-Online

Seit ca. 1998 arbeiten nicht nur die Rentenversicherungsträger mit dem Programm Antrag-Online, sondern auch manche Gemeinden, Versicherungsämter und Versichertenberater. Nach § 69 I Nr. 1, 3. Alternative SGB X ist die Übermittlung von benötigten, aufgabenerfüllenden Daten an die Versicherungsämter gegeben. Ein automatisiertes Abrufverfahren mit Online - Anbindung wurde extra dafür geschaffen. Ein Sicherheitskonzept wurde erstellt. Die Einwilligung des Bundesamtes für Sicherheit in der Informationstechnik wurde erteilt.

Aufgrund der Änderung der Datenschutzvorschriften und der Schaffung einer dementsprechenden Rechtsgrundlage wurde dieses Verfahren erst ermöglicht. Vorher hatten nur die Träger der gesetzlichen Rentenversicherung die Möglichkeit, dieses Programm zu nutzen. Es fehlte an einer Rechtsgrundlage, dass auch andere Träger dieses Programm datenschutzrechtlich erlaubt mitbenutzen durften. Dies gehört nun der Vergangenheit an.

Dieses Programm erleichtert die Antragsaufnahme immens, da nur die fehlenden Angaben ergänzt werden müssen. Außerdem findet eine Fehlerüberprüfung (Plausibilitätskontrolle) statt, eine Hilfe-Funktion steht zur Verfügung und die Anträge werden besser lesbar an die jeweiligen Leistungsabteilungen der Rentenversicherungsträger zur weiteren Veranlassung (Berechnung) übermittelt.

Das Programm wird von der Deutschen Rentenversicherung kostenlos zur Verfügung gestellt und auch die regelmäßigen Updates sind kostenlos. Die gemeinsame Nutzung der Programme dürfte nicht nur von der DRV praktiziert werden, sondern müsste auch bis auf die Gemeinde herunter gebrochen werden[56].

Die Vorteile sind die dadurch entstehenden immensen Zeiteinsparungen, Portokosteneinsparungen durch den elektronischen Versand, Kopierkostenreduzierung und die nicht mehr notwendige Vorratshaltung an Antragsvordrucken.

---

[56] Lenk, Klaus, Organisatorische Potentiale für die Verwaltungsmodernisierung. In: Reichard, Christoph (Hrsg.). Das Reformkonzept E-Government, Münster 2004, S. 37

Jetzt stellt sich die Frage nach der Wirtschaftlichkeit der Einführung des Programmes bei den Gemeinden und Versicherungsämtern. Denn: Trotz dieser „offenen Türen" die viel Bürokratieersparnisse mit sich bringen würden, nehmen viele Städte und Gemeinden diese kostenlosen Softwareleistungen der Rentenversicherungträger nicht in Anspruch. Sie greifen nicht auf die informationstechnischen Möglichkeiten zurück, sondern versuchen weiterhin viele Aufgaben „manuell" – also ohne E-Government - zu lösen.[57]

Hier müssten die Städte und Gemeinden mit Kosteneinsparungsberechnungen (Rentabilitätsberechnungen) finanziell überzeugt werden. Was spare ich mir an Zeit und Geld?

Es müsste geschaut werden, bei welchen Städten und Gemeinden sich die Online - Umstellung lohnen würde und bei welchen nicht. Dies hängt meist von der Einwohnerzahl ab, wobei fest steht, dass sich die Online – Umstellung eher bei einer größeren als bei einer kleineren Einwohnerzahl lohnt.

Eine Auskunft über finanzielle Daten liefert die durch das Neue Steuerungsmodell neu eingeführte Kosten- und Leistungsrechnung, die in vielen Städten und Gemeinden bereits die Kameralistik ergänzt oder sogar gänzlich abgelöst hat.[58]

Die Nutzwertanalyse und der Analytic Hierarchy Process[59] wären z.B. zwei geeignete Möglichkeiten der Entscheidungsfindung.

Schließlich müssten die jeweiligen Kriterien für die beiden Entscheidungen, nutzen der Online - Anbindung oder nicht, bewertet und dazu kritisch Stellung genommen werden. Eine Weiterführung von E-Government-Projekten ausschließlich von

---

[57] Winkel, Olaf, Betriebswirtschaftliche Steuerung im informationstechnischen Wandel, in: Verwaltung und Management, 14. Jg. (2008), Heft 3, S. 134
[58] Winkel, Olaf, Betriebswirtschaftliche Steuerung im informationstechnischen Wandel, in: Verwaltung und Management, 14. Jg. (2008), Heft 3, S. 128
[59] Hahn, Dietger/Hungenberg, Harald/Kaufmann, Lutz, Optimale Make - or - Buy - Entscheidungen, erschienen in: Controlling Heft 2, 6. Jg., März/April 1994, S. 75

finanziellen Förderungen abhängig zu machen, kann auf Dauer **nicht das Ziel** (Grenzen) der Förderinitiativen sein[60].

Jede unternehmerische Tätigkeit - auch die der öffentlichen Hand - sollte nach dem **Rationalisierungsprinzip** auf optimale Zielerreichung ausgerichtet sein. Dieser Pflicht ist auch E-Government unterworfen. Die Gesamtaufgabe steht hier im Mittelpunkt. Wobei hier die mittelfristige und nicht die kurzfristige Sicht entscheidend sein sollte[61].

Aus den Verwaltungsstrukturen heraus, können sich wirtschaftliche Fragen ergeben, die ein Überdenken und Überprüfen von Unternehmensvorgängen aller Art mit sich bringen[62]. Dies sollte der generelle Hintergrund für sämtliche Entscheidungen auch in öffentlichen „Unternehmen" sein. Darin liegen aber zugleich auch die Chancen von E-Government.

Auch müssten die Bürger dann durch die Einführung von Antrag-Online weniger komplizierte Formulare ausfüllen, was sich ebenfalls positiv auf die Kundenzufriedenheit und das Image der Gemeinden und Städte auswirken würde.

5.2.3 Die Transaktionsmechanismen

Eine Möglichkeit der Einflussnahme von E-Government auf das Neue Steuerungsmodell ist die Ausdehnung der bürgerlichen Onlinetransaktionen. Dadurch könnte ein Bürokratieabbau, eine höhere Kundenzufriedenheit seitens der Bürger und eine Kostensenkung bei den Verwaltungskosten durch diesen Abbau erreicht werden.

Die DRV bietet ihren Versicherten bereits heute mittels Signaturkarte die Möglichkeit, a direkt auf die eigenen Rentendaten zurückgreifen zu können. Durch die Signaturkarte ist der Datenschutz gewährleistet. So können die Versicherten dann

---

[60] Winkel, Olaf, Betriebswirtschaftliche Steuerung im informationstechnischen Wandel, in: Verwaltung und Management, 14. Jg. (2008), Heft 3, S. 134 und Winkel, Olaf, E-Government in Deutschland. In: Verwaltung und Management, 12 Jg. (2006), Heft 5, S. 273

[61] Winkel, Olaf, E-Government in Deutschland. In: Verwaltung und Management, 12 Jg. (2006), Heft 5, S. 277

[62] Wöhe, Günter/Döring, Ulrich, Einführung in die Allgemeine Betriebswirtschaftslehre, München 2005, S. 133

online z.b. ihre Adressänderung sicher und wirksam dem jeweils zuständigen Rentenversicherungsträger mitteilen.

5.2.4 Die Kosten und die Akzeptanz auf der Seite der Bürger

Die Probleme können auf Seiten der Nutzer entstehen. Die Nutzer benötigen ein bestimmtes Betriebssystem, welches mit der Signaturkarte kompatibel sein muss. Außerdem müssen noch bestimmte technische Voraussetzungen bei den Nutzern vorhanden sein, um die Anwendungen problemlos starten zu können (z.b. Chipkartenleser und Entschlüsselungssoftware).[63] Hierfür fallen für die Bürger zuerst einmal Kosten für den Kauf der Signaturkarte an. Auch haben die meisten Bürger zu wenig Know-how und müssen breitflächig für die Nutzung geschult werden. Solche Wissensvermittlung und Schulungen finden jedoch nicht statt. Diese Transaktionsmöglichkeiten werden heutzutage von den Bürgern auch deshalb nur wenig in Anspruch genommen, und, weil sie noch zu teuer, kompliziert und umständlich sind. Die mit diesen Eigenschaften geprägte Situation findet nicht gerade die notwendige Offenheit und Motivation der Bürger für diese „Produkte"[64].

Es ist auf eine Verbesserung dieser Eigenschaften hinzuarbeiten[65], um daraus Chancen, wie die elektronische Wahl, erwachsen zu lassen[66]. Der Nutzen für die Bürger im Verhältnis zu ihrem Aufwand ist derzeit einfach noch zu gering[67].

---

[63] http://www.deutsche-rentenversicherung-bund.de/nn_20278/DRVB/de/Inhalt/Service..., abgefragt am 02.12.2009
[64] Winkel, Olaf, Betriebswirtschaftliche Steuerung im informationstechnischen Wandel, in: Verwaltung und Management, 14. Jg. (2008), Heft 3, S. 134
[65] Lenk, Klaus, Organisatorische Potentiale für die Verwaltungsmodernisierung. In: Reichard, Christoph (Hrsg.). Das Reformkonzept E-Government, Münster 2004, S. 36
[66] Winkel, Olaf, Die Kontroverse um die demokratischen Potentiale der interaktiven Informationstechnologien – Positionen und perspektiven. In: Publizistik, Heft 2, 2001, 46. Jhrg., S. 144
[67] Lenk, Klaus, Organisatorische Potentiale für die Verwaltungsmodernisierung. In: Reichard, Christoph (Hrsg.). Das Reformkonzept E-Government, Münster 2004, S. 42

5.2.5 Die Kosten und die Akzeptanz auf der Seite der Mitarbeiter

Ohne E-Government wären die Rationalisierungseffekte nicht möglich gewesen. Die Grenzen liegen einerseits bei den **Kosten** (a) und andererseits in der **Annahme** (b) durch den potentiellen Nutzern auch auf der Verwaltungsseite.

(a) Die **Kosten** fallen z.b. für Hardware und Installation an. Kurzfristig sind diese einmaligen Kosten sehr hoch, wirken sich aber mittel- bis langfristig in vielen Bereichen kostensenkend aus[68]. Hier muss Überzeugungsarbeit bei den möglichen Nutzern geleistet werden, um sie von der Vorteilhaftigkeit von E-Government zu überzeugen.

(b) Der zweite Punkt ist die **Akzeptanz**[69]. Vor der Einführung des papierlosen Antrag-Online hatte die Mehrheit der Mitarbeiter der Deutschen Rentenversicherung– mich eingeschlossen - Bedenken, ob die Aufnahme von Online-Anträgen statt der erwünschten Zeitersparnis Bearbeitungszeitverlängerungen mit sich bringen würde. Im Nachhinein stellte sich diese Angst als unberechtigt und falsch heraus. Die Angst war aber da. Hier liegt eine Hürde von E-Government, die erst überwunden werden muss. Deshalb bewirkt eine systematische Radikalumstellung bei den Beschäftigten der betroffenen Verwaltungen meist eher deren Überforderung.

5.3 Weiter Möglichkeiten der Einflussnahme von E-Government auf das Neue Steuerungsmodell

5.3.1 Die Serviceverbesserungen

E-Government ermöglicht im Front-Office-Bereich die sofortige Erledigung einfacher Verwaltungsanliegen der Kunden. IT-gestützt ist dies ohne großen Aufwand möglich.

Früher konnten die Berater der Deutschen Rentenversicherung im Front-Office-Bereich dem Kunden beispielsweise nur eine Rentenart IT-gestützt ausrechnen. Das war die Regelaltersrente mit dem 65. Lebensjahr. Heute können sie dem Kunden IT-

---

[68] Winkel, Olaf, Zukunftsperspektive Electronic Government. In: Aus Politik und Zeitgeschichte, B 18/2004, S. 15
[69] Ders., S. 9

gestützt jede mögliche Rentenart sogar individuell, d.h. mit seinen fiktiven Bruttoentgelten, berechnen. Sie können ihm in der Beratung sofort bestimmte Bescheide erstellen. Sie können Änderungen aller Art, z.B. hinsichtlich seiner persönlichen Daten vornehmen. Dies sind nur einige wenige Beispiele, die zeigen sollen, was durch E-Government erst ermöglicht wurde.

Die Möglichkeiten der sofortigen Aufgabenerledigung sind durch E-Government immens gestiegen. Diese Möglichkeiten müssen weiter ausgebaut werden. Früher waren diese Erledigungen nicht sofort möglich, sondern mussten schriftlich und dadurch in jeder Hinsicht weitaus aufwendiger von einer Zentralstelle bearbeitet werden. Diese Arbeiten waren zeit- und kostenintensiver als heute. Außerdem wenig kundenfreundlich, da der Kunde länger auf die Erledigung seines Anliegens warten musste. Heute sind viele dieser Tätigkeiten kundennah, schnell und flächendeckend möglich. Hier liegen noch verborgene **Potentiale**, die **flächendeckend** ausgebaut werden könnten, um dadurch ein „Mehr" an Kundenfreundlichkeit zu schaffen und folglich dem Neuen Steuerungsmodell einen positiven Schub geben zu können.

Im Zuge des Neuen Steuerungsmodells liegen gerade in dem Bereich der Kundenfreundlichkeit noch einige Potentiale brach, die durch E-Government zukünftig, sukzessive aufgearbeitet werden könnten.

5.3.2 Die Rationalisierungsmaßnahmen

Des Weiteren fallen durch E-Government aufgrund einer Neuverteilung von Tätigkeiten viele einfachere Stellen weg[70].

Beispielsweise hatte die Deutsche Rentenversicherung früher mehrere Stellen für die telefonische Terminvereinbarung der Kunden besetzt. Durch die Möglichkeit der Kunden, ihre Termine über das Internet online selbst buchen zu können, entfielen einige dieser Telefonstellen.

Manche Möglichkeiten beinhalten auch Gefahren für einige Beschäftigte. Wenn die betroffenen Beschäftigten durch Schulungsmaßnahmen aufgefangen werden

---

[70] Winkel, Olaf, Sicherheit und Vertrauen in der Netzkommunikation, 12. Jg (2006), Heft 3, S. 136

können, ist dies optimal und nimmt die Angst dieser Beschäftigten[71]. So können aus Gefahren, die E-Government mit sich bringt, neue Chancen für die Beschäftigten erwachsen.[72]

5.4 Weiter Grenzen der Einflussnahme von E-Government auf das Neue Steuerungsmodell

5.4.1 Datenschutz und -sicherheit

Z.B. hört die Verbesserung der Kundenorientierung durch E-Government dort auf, wo Datenschutz und – sicherheit nicht gewährleistet werden können. Wenn viele Verwaltungsbeschäftigte unbegrenzt auf persönliche Kundendaten zugreifen können, ist ein Datenmissbrauch verstärkt möglich. Die Zugriffe müssen auf ein notwendiges Maß begrenzt werden. Das notwendige Maß muss auf die ausschließliche Aufgabenerfüllung ausgerichtet sein. Hier liegen die Probleme, die die Grenzen der Implementierung von E-Government aufzeigen.

5.4.2 Die Legitimation

Ein anderes Problem liegt in der Legitimation des Kunden. Bei Anträgen via Internet muss der Kunde zweifelsfrei identifiziert werden können. Außerdem müssen die Daten sicher, d.h. ohne Manipulationsmöglichkeiten von außen, zum Empfänger gelangen können.[73] Dies wirft noch Probleme auf, die die Möglichkeiten von E-Government ebenfalls begrenzen könnten (Stichwort: Annahme der Digitalen Signatur durch ein breiteres Publikum als bisher, z.B. durch den Abbau der verschiedenen noch vorhandenen Hemmnisse und durch die Verbesserung der Praktikabilität).

---

[71] Lenk, Klaus, Organisatorische Potentiale für die Verwaltungsmodernisierung. In: Reichard, Christoph (Hrsg.). Das Reformkonzept E-Government, Münster 2004, S. 56
[72] Winkel, Olaf, Zukunftsperspektive Electronic Government. In: Aus Politik und Zeitgeschichte, B 18/2004, S. 9
[73] Winkel, Olaf, Sicherheit und Vertrauen in der Netzkommunikation, 12. Jg (2006), Heft 3, S. 137

5.4.3 Flachere Hierarchien als früher

Eine weitere Grenze liegt in dem Problem der flacher werdenden Hierarchien und des dadurch gestiegenen Know-how der Verwaltungsmitarbeiter[74].

Beispielsweise müssen die Mitarbeiter im Front-Office-Bereich mehr und intensiver geschult werden als früher. Durch die sofortige Erledigung vieler Aufgaben bis hin zur Bescheiderteilung während der Kunde vor einem sitzt, ist ein enormes Maß an Fach- und zusätzlichem Technikwissen gefragt, um Fehler weitgehend zu vermeiden.[75] Besonders in bestimmten Verwaltungsberufen, in welchen sich das Fachwissen in kurzen Abständen ändert, sind mindestens monatliche, fachspezifische Schulungsmaßnahmen unabdingbar.

Dies verursacht wiederum Zeit- und Geldkosten für die Betriebe. Während der Dauer der Fortbildung steht der Mitarbeiter für die Dienstleistung am Bürger nicht zur Verfügung. Außerdem müssen für die Fortbildung der Mitarbeiter entweder die Dozenten bereitgestellt, teuer geschult und bezahlt werden oder die betroffenen Mitarbeiter über E-Learning.[76]

Das können sich aus Kostengesichtspunkten nicht alle Verwaltungen – besonders personell kleine Verwaltungen nicht - leisten.

So kann E-Government in vielen Bereichen und Behörden wenig oder keine Impulse für das Neue Steuerungsmodell entwickeln.

Hier ist einmal mehr die Politik gefordert, eine schnelle Weiterentwicklung der E-Government-Möglichkeiten voranzutreiben.[77]

---

[74] Winkel, Olaf, Sicherheit und Vertrauen in der Netzkommunikation, 12. Jg (2006), Heft 3, S. 137
[75] Winkel, Olaf, Kommunikation, neue Medien und Globalisierung, S. 248
[76] Winkel, Olaf, Betriebswirtschaftliche Steuerung im informationstechnischen Wandel, in: Verwaltung und Management, 14. Jg. (2008), Heft 3, S. 136
[77] Ders., S. 137 und 140

Literaturverzeichnis

1) Bundesministerium des Innern (Hrsg.), Schutz Kritischer Infrastrukturen – Risiko- und Krisenmanagement, Berlin 2007

2) Eichhorn, Peter u.a. (Hrsg.), Verwaltungslexikon, Baden-Baden 2002

3) Hahn, Dietger/Hungenberg, Harald/Kaufmann, Lutz, Optimale Make - or - Buy - Entscheidungen, erschienen in: Controlling Heft 2, 6. Jg., März/April 1994

4) Innovative Verwaltung, Rubrik: Verwaltung und Bürger, Thema: Mobile Verwaltung ermöglicht besseren Bürgerservice, 1-2/2005

5) Lachmann, Werner, Volkswirtschaftslehre 1, Berlin u.a. 2006

6) Lenk, Klaus, Organisatorische Potentiale für die Verwaltungsmodernisierung. In: Reichard, Christoph (Hrsg.). Das Reformkonzept E-Government, Münster 2004

7) Schuppan, Tino, Gebietsreform im E-Government-Zeitalter. In: Verwaltung und Management, Zeitschrift für moderne Verwaltung, 14. Jhrg., 02/2008

8) Winkel, Olaf, Betriebswirtschaftliche Steuerung im informationstechnischen Wandel, in: Verwaltung und Management, 14. Jg. (2008), Heft 3

9) Winkel, Olaf, E-Government in Deutschland. In: Verwaltung und Management, 12 Jg. (2006), Heft 5

10) Winkel, Olaf, Kommunikation, neue Medien und Globalisierung, 2001

11) Winkel, Olaf, Die Kontroverse um die demokratischen Potentiale der interaktiven Informationstechnologien – Positionen und perspektiven. In: Publizistik, Heft 2, 2001, 46. Jhrg.

12) Winkel, Olaf, Sicherheit und Vertrauen in der Netzkommunikation, 12. Jg (2006), Heft 3

13) Winkel, Olaf, Zukunftsperspektive Electronic Government. In: Aus Politik und Zeitgeschichte, B 18/2004

14) Wöhe, Günter/Döring, Ulrich, Einführung in die Allgemeine Betriebswirtschaftslehre, München 2005

Internetabfragen

http://lexikon.martinvogel.de/interaktiv.html, abgefragt am 02.12.2009

http://www.deutsche-rentenversicherung-bund.de/nn_20278/DRVB/de/Inhalt/Service..., abgefragt am 02.12.2009